I0401888

This book belongs to:

____

www.ingramcontent.com/pod-product-compliance
Lightning Source LLC
Chambersburg PA
CBHW070805220526
45466CB00002B/547
* 9 7 8 1 6 9 8 5 9 0 8 9 9 *